DÉCISION

Relative à la prise du Navire anglais the Freedom.

Du 29 Nivôse an 12.

AU NOM DU PEUPLE FRANÇAIS.

Napoléon BONAPARTE, premier Consul de la République, à tous ceux qui les présentes verront, SALUT ; faisons savoir que le Conseil des Prises, établi par l'arrêté des Consuls du 6 germinal an 8, en vertu de la loi du 26 ventôse précédent, a rendu la décision suivante :

Entre *Réant de Uries*, armateur du corsaire français *le Chasseur*, de Dunkerque, capitaine *Lion*, tant pour lui que pour ses intéressés, et les capitaine et équipage dudit corsaire, d'une part ;

Et la dame veuve *Lafoirez* cadet, et *Delporte* frères, armateurs des corsaires français *le Voltigeur* et *l'Impromptu*, de Boulogne, commandés par *Jacques-Oudart Fourmentin* et *Nicolas-Denis Fourmentin*, d'autre part ;

Et le commissaire du Gouvernement, aussi d'autre part ;

Vu, &c.

Vu les conclusions du commissaire du Gouvernement, déposées cejourd'hui par écrit sur le bureau, et dont la teneur suit :

Je ne pense pas que le Conseil, depuis son institution, ait eu à

A

prononcer sur aucune affaire semblable à celle qui est aujourd'hui soumise à sa décision.

Deux corsaires de Boulogne, l'un nommé *le Voltigeur*, armé par les C.ens *Delporte* frères, et commandé par le capitaine *Nicolas-Denis Fourmentin ;* l'autre appelé *l'Imprômptu*, armé par la dame veuve *la Foirez* cadet, et commandé par le capitaine *Jacques-Oudart Fourmentin*, s'emparèrent, en société, le 12 messidor dernier, de deux brigs anglais chargés de charbon de terre.

Celui de ces brigs qui fut amariné par le corsaire *le Voltigeur* s'appelait *the Freedom ;* il avait six hommes d'équipage, y compris le capitaine nommé *John Donnison*. Ce capitaine et quatre de ses hommes passèrent sur le corsaire : il ne resta à bord qu'un marin nommé *Alexandre Hamilton,* qui se trouve, par erreur, désigné sous le nom d'*Ambleton* dans les pièces de l'instruction.

Le capitaine du corsaire envoya sur ce navire cinq hommes de son équipage et un de ses officiers, nommé *Louis-Pierre Lefort,* pour les commander, avec ordre de le conduire au port de France le plus voisin.

Les deux corsaires ont relâché à Calais, et les deux capitaines ont fait leur déclaration devant le commissaire chargé en chef du service de la marine, le 15 du même mois de messidor. Elle a été attestée véritable par deux officiers de leurs équipages.

Le même jour, il a été procédé à l'interrogatoire séparé de *John Donnison*, capitaine du brig *the Freedom ;* de *March Hamilton,* second capitaine de ce même navire ; de *John Wood*, matelot ; et de *Jacob Stein,* mousse.

De leurs réponses il résulte que tous sont Anglais, excepté le mousse qui est d'Elseneur ; que leur navire, appelé *the Freedom,* est du port de 120 tonneaux ; qu'il était la propriété, ainsi que le chargement, de *Nathan Horn*, de Sunderland ; qu'il était parti de cette ville pour le premier port d'Angleterre, où il aurait trouvé la vente du charbon de terre dont il était chargé ; qu'il avait été pris le 12 messidor à une heure du matin, à quatre lieues des côtes de la

Grande-Bretagne, par un petit corsaire de Boulogne, pendant qu'un second corsaire capturait un autre navire anglais qui était en vue ; que l'équipage était composé de six hommes, dont un seul était resté à bord ; que le capitaine de prise s'était emparé des pièces de bord, et que sur ce navire il n'y avait, pour toute arme, que deux canons, deux espingoles et deux fusils.

The Freedom n'avait point suivi les corsaires capteurs. Le C.en *Lefort*, qui, comme je l'ai dit, en avait été nommé conducteur, a comparu, le même jour 15 messidor, avec plusieurs des hommes laissés avec lui, au bureau de marine à Nieuport ; et après avoir détaillé les circonstances de la capture du navire, il a déclaré que sur les sept heures du matin de ce même jour, à une lieue à l'ouest de ce port, ils avaient été attaqués par un cutter anglais, dont ils ignoraient le nom, n'ayant eu que le temps de se mettre dans le canot de leur prise et de se réfugier à Nieuport, laissant même à bord de cette prise le prisonnier anglais qui y était avec eux.

Ce prétendu cutter anglais s'est trouvé être le corsaire *le Chasseur*, armé à Dunkerque par le C.en *Réant de Uries*, et commandé par le capitaine *François Lion*.

Le même jour que les capitaines des corsaires *le Voltigeur* et *l'Impromptu* ont fait leur déclaration à Calais, et que le C.en *Lefort* a fait la sienne à Nieuport, ce corsaire est entré à Dunkerque, et y a conduit *the Freedom.*

Dès le lendemain, à neuf heures du matin, le commissaire principal de marine s'est transporté à bord de la prise, y a apposé les scellés et dressé inventaire des objets restés en évidence.

De suite, il a reçu la déclaration du capitaine du corsaire et celle du C.en *de Uries*, second capitaine ; après quoi il a interrogé l'Anglais *Hamilton.*

La déclaration du capitaine *Lion* se réduit à ceci : que le 15 messidor, vers les huit heures du matin, étant à deux lieues au large de Nieuport, il eut connaissance d'un brig faisant route au sud, lequel avait viré de bord aussitôt qu'il avait aperçu le corsaire ;

que d'après cette manœuvre et d'après la forme de la voilure et de la construction, ce navire avait été reconnu pour être anglais ; qu'en conséquence il lui fut appuyé chasse sous pavillon français ; qu'au bout d'une heure il avait été atteint ; qu'il portait pavillon anglais ; que, sur un coup de canon qui lui fut tiré pour le faire mettre en travers, il avait amené ses voiles et s'était rendu sans résistance ; qu'il ne s'y était trouvé qu'un homme, se disant second capitaine, et deux papiers, dont un était relatif à lui et l'autre à son fils ; que cette prise avait été faite à la vue d'une corvette et de deux brigs ennemis ; que ce navire se nommait *the Freedom*, de Sunderland ; qu'il appartenait au port de Sunderland, et était chargé de charbon de terre.

Le second capitaine, dans sa déclaration, a répété les faits articulés par le capitaine *Lion*, en y ajoutant que lors de son arrivée sur la prise, qui portait pavillon anglais, le marin qu'il y avait trouvé avait dit que, le 12 du même mois, il avait été capturé par deux péniches de Boulogne, et qu'à l'approche du corsaire *le Chasseur*, les hommes que ces péniches avaient mis sur son bord l'avaient abandonné, ayant cru que le corsaire était un cutter anglais, et qu'ils lui avaient déclaré, en partant, qu'ils lui laissaient le bâtiment, dont il pourrait disposer comme de chose à lui appartenante.

Ces déclarations du capitaine et du second capitaine ont été affirmées conformes à la vérité, par quatre hommes de leur équipage.

Les réponses du marin anglais (qui a dit s'appeler *Alexandre Hamilton*, et être second capitaine du navire, encore bien que son fils fût porté en cette qualité sur le rôle d'équipage) ont été conformes à celles du capitaine *Donnison* et des trois hommes de son équipage entendus à Calais, sur les faits consignés dans leurs interrogatoires. Il a dit de plus que, le 15 messidor, à la distance d'environ une lieue de terre, entre Ostende et Nieuport, les Français qui étaient sur *the Freedom*, aperçurent, sur les huit heures du matin, un cutter qu'ils observèrent avec la longue-vue ; que lui

Hamilton leur entendit dire qu'il portait pavillon anglais ; qu'en conséquence, le prenant pour ennemi, et ne présumant pas pouvoir lui échapper, ils prirent le parti de s'embarquer dans le canot pour se sauver à terre, quoiqu'ils fussent encore à environ une lieue du cutter ; qu'après leur départ, lui *Hamilton* avait amené le pavillon anglais renversé qui était au haut du mât, et l'avait hissé au mât de pavillon ; qu'il s'était mis au gouvernail pour gagner le large, toujours chassé par le corsaire, qui ne l'atteignit qu'au bout de cinq quarts d'heure; qu'il ne reconnut que ce corsaire portait pavillon français, que lorsqu'il en fut assez proche ; que les hommes de ce cutter qui, à leur tour, amarinèrent son navire, reçurent l'ordre de le conduire à Dunkerque, où ils étaient entrés le même jour, sur les dix heures du soir ; qu'il ignorait en quoi consistaient les papiers de bord, et ce qu'ils étaient devenus. Il a fini par dire qu'il avait été bien traité des premiers capteurs ; mais que les derniers lui avaient enlevé une partie de ses effets.

De cette instruction il résulte bien évidemment que le conducteur de prise, *Lefort,* n'a point été attaqué par un cutter anglais, comme il l'a assuré dans la déclaration ou rapport par lui fait au bureau de marine de Nieuport.

Ce citoyen, sur les six heures du matin du jour qu'il se sauva à terre, avait rencontré, à environ deux lieues à l'ouest du port de Nieuport, une barque de pêche nommée *la Misère,* où il avait pris un homme pour le piloter.

Le 18 messidor, l'administrateur de marine de Nieuport appela cet homme pour donner sa déclaration des faits qui pouvaient être à sa connaissance, sur la cause de l'abandon du navire *the Freedom*.

Celui-ci, nommé *Laurent Jacqs,* a déclaré qu'environ une heure après qu'il fut monté sur la prise, on aperçut un cutter inconnu, qui, sous pavillon français, faisait force de voiles, et portait sur *the Freedom ;* qu'il craignit, comme les autres Français, que ce ne fût un corsaire anglais, et que, pour s'en assurer, il fut tiré sur lui deux coups de canon, toujours sous pavillon renversé, pour

l'obliger à fixer sa véritable couleur ; que ce cutter n'ayant point
répondu et ayant conservé le pavillon français, on ne douta plus
que ce ne fût un ennemi ; qu'alors les Français cherchèrent leur salut
dans la fuite à la faveur d'un canot, où s'embarquèrent le capitaine
de prise, *Pierre - Louis Lefort,* et les cinq hommes qui étaient avec
lui, ainsi que lui déclarant, laissant à bord un prisonnier anglais
qui ne voulut pas les suivre ; qu'étant dans le canot, ils allèrent
accoster la barque de pêche *la Misère,* et que de là ils examinèrent
ce que leur prise deviendrait ; qu'ils aperçurent que le cutter avait
mis à la mer un canot qui se rendit à bord de cette prise, laquelle
portait alors pavillon anglais non renversé ; qu'enfin ladite prise fut
amarinée et enlevée par le cutter, qui fit route avec elle du côté de
Dunkerque. Le déclarant a observé, en finissant, que le cutter avait
bien tiré un coup de canon sur la prise, mais que ce n'avait été
qu'après qu'il avait vu les Français descendre dans le canot.

Le 22 messidor, un acte de protestation a été fait au greffe du
tribunal de commerce de Dunkerque, aux noms des C.ens *Delporte*
frères et de la dame veuve *Lafoirez* cadet, dans l'objet de réclamer
le navire *the Freedom,* comme ayant été pris par leurs corsaires ; ils
y ont prétendu que la confiscation ne pouvait en être prononcée que
sur leurs poursuites. Cette protestation a été notifiée le 23, par deux
notaires de ladite ville, à l'administrateur de marine.

Dans une pétition que l'armateur du *Chasseur* a présentée au même
administrateur, il a soutenu que la possession était à son corsaire,
puisque c'était lui qui avait amené la prise dans le port, et que
c'était le capitaine de ce corsaire qui, le premier, avait donné sa
déclaration ; que, par conséquent, c'était sur sa seule réquisition
que la validité de la capture devait être prononcée.

En ce qui concerne, a-t-il dit, les droits que les armateurs des
corsaires *le Voltigeur* et *l'Impromptu* supposent y avoir, vous n'êtes
pas le juge de cette question, qui est étrangère à vos fonctions, et
je ne présume même pas qu'elle soit du ressort du Conseil des prises.

Le 10 thermidor, une très-longue pétition a été présentée au même administrateur, par les C.ens *Delporte* frères ; elle tend à établir ces deux propositions,

1.º Que le bâtiment capturé est dans le cas de la confiscation, par la raison qu'il est évidemment ennemi ;

2.º Que la confiscation doit être prononcée au profit des armateurs et équipage du corsaire *le Voltigeur.*

Cette seconde proposition est basée sur ce que les hommes de l'équipage du corsaire *le Voltigeur,* qui étaient à bord du bâtiment capturé, ne l'ont abandonné que parce que le capitaine du cutter *le Chasseur* s'est conduit en pirate, en donnant chasse à la prise, quoiqu'elle portât à son mât le pavillon anglais renversé, et en ne répondant point aux deux coups de canon qui ont été tirés dans l'objet de l'obliger d'assurer sa couleur.

En supposant, ont-ils dit, que ce corsaire fût de bonne foi, sa prétention n'en serait pas mieux fondée, parce qu'une convention qui porte sur une erreur de fait, est nulle de plein droit. Or, les hommes du corsaire *le Voltigeur* qui étaient à bord de la prise, ne l'ont abandonnée que parce qu'ils ont cru que le cutter était un corsaire anglais ; et de son côté, le cutter, dans la supposition qui vient d'être faite, n'a donné chasse à ce navire que parce qu'il ignorait qu'il eût été pris par des Français. Il y a donc eu erreur de part et d'autre, et il est impossible que cette erreur puisse servir de titre au corsaire *le Chasseur,* pour dépouiller le corsaire *le Voltigeur,* d'une prise qui lui appartient légitimement.

C'est dans cet état que se trouvait l'affaire lorsque le sous-commissaire de marine à Dunkerque, chargé du service en l'absence du commissaire principal, s'étant fait assister par le sous-commissaire chargé de l'inscription maritime, et de l'officier représentant l'inspecteur du premier arrondissement, a, le   dernier, déclaré que le brig anglais *the Freedom* avait été bien et valablement pris ; mais considérant qu'il y avait eu réclamation notifiée en temps de droit, et que de plus, au mépris des articles LIX, LX et LXXIII de l'arrêté du Gouvernement du 2 prairial an 11 , aucune pièce de bord n'avait été produite , quoique le capitaine du bâtiment pris ait déclaré que le capitaine de prise s'en était emparé , il a renvoyé au Conseil des prises pour être par lui statué tant sur les droits respectifs des parties que sur les dispositions pénales déterminées par l'ordonnance de 1 6 8 1.

Le Ministre de la marine et des colonies, en m'adressant, le 10 vendémiaire dernier, les pièces de cette affaire, m'a invité à appeler l'attention du Conseil sur la contravention aux articles cités de l'arrêté du 2 prairial , relatif à la non-représentation des pièces de bord.

Depuis ce moment, deux mémoires ont été remis au secrétariat du Conseil, l'un le 2 3 brumaire dernier, par l'armateur du corsaire *le Chasseur* , et l'autre le 7 du mois de nivôse courant , pour les armateurs des corsaires *le Voltigeur* et *l'Impromptu.*

L'armateur du corsaire *le Chasseur* , après avoir témoigné douter de la compétence du Conseil, a fini par déclarer que sa confiance dans la sévère équité et les lumières des membres qui le composent, est telle, qu'il n'insiste point sur le renvoi de l'affaire devant les juges ordinaires.

Par rapport aux papiers de bord , il observe qu'on ne peut lui faire un crime de ce qu'il n'en a point représenté , puisqu'il résulte de la déclaration de l'Anglais trouvé sur la prise, qu'il n'y en avait point lorsque ce navire a été abordé par le corsaire *le Chasseur,* et puisque la déclaration faite à Calais , par le capitaine de ce navire , le 1 5 messidor, prouve que le capitaine de prise du corsaire *le Voltigeur* s'en était emparé.

Au fond, il soutient que son corsaire n'a poursuivi *the Freedom,* qu'après qu'il a vu ce navire revirer de bord et porter au large, et qu'auparavant les deux navires étaient seulement en vue ;

Que ce corsaire n'aperçut point le canot des fuyards, et ne s'occupa que du navire qui venait de changer de direction et qui portait pavillon ennemi ;

Qu'auparavant, il avait bien pu remarquer, soit par la forme ; soit

soit par le gréement, que ce navire paraissait de construction anglaise, sans avoir pu apercevoir, à la vue, son pavillon, et encore moins si ce pavillon était ou n'était pas renversé;

Que le pilote *Jacqs* a faussement attesté que lorsque le capitaine de prise *Lefort* et les autres Français aperçurent le corsaire, ce corsaire faisait force de voile sur la prise; que d'ailleurs la déclaration de ce pilote, influencée par les armateurs des deux autres corsaires, doit être rejetée comme ayant été faite trois jours après l'arrivée du canot à Nieuport;

Que le cutter a toujours porté pavillon français; qu'avant d'aborder *the Freedom*, il a assuré ce pavillon d'un coup de canon; qu'il n'y a eu aucune supercherie dans la conduite du capitaine de ce corsaire;

Que la prise a été abandonnée par le premier conducteur; que c'est une faute qui a rendu le navire à sa propre nation, à tel point que l'Anglais resté à bord en a usé comme de sa propriété, en y arborant le pavillon anglais, et en dirigeant le navire vers l'Angleterre;

Qu'il n'y a eu aucune erreur de fait dans la conduite du capitaine du corsaire *le Chasseur*; qu'il a poursuivi *the Freedom*, parce qu'il a vu que ce navire, qui d'abord faisait route pour la France, avait reviré de bord et prenait sa direction vers l'Angleterre, en portant pavillon anglais. Si ce corsaire l'a capturé après cinq quarts d'heure de chasse, c'est parce qu'il a trouvé que ce navire était de construction anglaise, et qu'il était monté par un Anglais qui en dirigeait la manœuvre.

Enfin, après avoir invoqué en sa faveur les dispositions des arrêts du Conseil d'état des 17 octobre 1705 et 5 octobre 1748, cet armateur a conclu à ce que la confiscation du navire *the Freedom* et de son chargement fût appliquée à son profit et à celui de l'équipage de son corsaire, et à ce que les armateurs des corsaires *le Voltigeur* et *l'Impromptu* fussent condamnés en deux mille francs de dommages et intérêts.

B

Dans leur mémoire, les armateurs de ces deux corsaires traitent d'abord la question de la non-représentation des pièces de bord.

Ils disent que si ces pièces, dont il paraît que le capitaine de prise *Lefort* fut saisi au moment de la capture, ont disparu, il faut en imputer la cause à la survenance du corsaire *le Chasseur*, dont l'apparition est devenue si funeste.

On ne peut supposer, ajoutent-ils, qu'eux, armateurs, aient contribué à cette disparition. Quant à *Lefort*, il avait intérêt à conserver les pièces justificatives de la prise faite par son corsaire; mais on aperçoit un intérêt contraire, soit dans le marin anglais resté à bord, soit dans le capitaine du *Chasseur*, qui a pu vouloir détruire les preuves de cette prise.

Ils observent qu'à la place des pièces dont il s'agit, on trouve les interrogatoires des capturés, qui tous ont déclaré que le navire et le chargement étaient des propriétés anglaises, et que le capitaine et les hommes de son équipage, un excepté, étaient Anglais.

Des dispositions des articles cités de l'arrêté du Gouvernement du 2 prairial de l'an 11, il ne résulte point, selon eux, que les pièces de bord ne puissent être remplacées, ni que, faute de les produire, la prise (comme il semble que l'on voudrait l'induire dans l'affaire présente) doive appartenir à la République.

C'est, disent ces armateurs, à la sagesse du Conseil qu'il appartient de discerner si c'est par abus ou par malversation que les pièces de bord se trouvent manquer, et si elles ne sont pas équivalemment remplacées par les autres pièces de l'instruction.

Ils passent ensuite à la question principale, celle de savoir si c'est à eux ou à l'armateur du corsaire *le Chasseur* que le bénéfice de la prise doit être adjugé.

Ils posent en principe que pour que ce corsaire pût avoir des droits sur *the Freedom*, il faudrait qu'au moment où il l'a abordé, c'eût été une propriété ennemie.

Au contraire, disent-ils, c'était une propriété française: il est notoire que la prise de ce navire avait été faite en commun par les deux corsaires *le Voltigeur* et *l'Impromptu*, et que, par droit de conquête, elle était devenue dès ce moment leur patrimoine commun.

Pour qu'elle cessât d'être leur propriété, il aurait fallu qu'elle eût été reprise sur eux par l'ennemi, ou qu'au moins, d'une manière quelconque, l'ennemi s'en trouvât en possession.

Or, aucune de ces deux circonstances n'existe dans l'espèce. Nul navire anglais n'a repris *the Freedom*, et ce n'est pas non plus l'équipage prisonnier qui s'en est rendu possesseur.

Hamilton, devant l'administration de marine à Dunkerque, n'a point dit qu'il eût repris son bâtiment, ni qu'il s'en considérât comme possesseur. Loin de s'arroger des droits pareils, il a, au contraire, reconnu tous ceux des véritables capteurs ; et en indiquant le motif qui leur avait fait abandonner *the Freedom*, il a dit, autant qu'il était en lui, qu'il était bien la propriété des deux corsaires *le Voltigeur* et *l'Impromptu*.

Si à présent, continuent les armateurs, on examine quelques circonstances particulières de la cause, qui se rattachent à la navigation du *Chasseur*, on aura le sentiment que les projets des marins qui le montaient n'avaient rien d'honorable, et qu'il était démontré pour eux que *le Freedom* n'était pas une propriété anglaise.

Comment se fait-il qu'après que ce navire lui a eu tiré deux coups de canon, lui corsaire n'ait répondu par aucun pour assurer sa couleur ? Nul prétexte ne peut excuser sa conduite.

Comment se fait-il encore que *le Chasseur* n'ait tiré son premier coup de canon qu'après avoir vu l'équipage du *Freedom* se jeter dans le canot, pour se soustraire aux dangers pressans dont il se croyait menacé ?

Enfin, si le capitaine et le second capitaine du *Chasseur* ont pu, à la simple vue ou à l'aide d'une lunette, distinguer la construction et la voilure du *Freedom*, comment n'ont-ils pas vu au haut du mât le pavillon anglais renversé, signe d'une prise faite et consommée ?

L'abandon du *Freedom*, dont *le Chasseur* veut se faire un titre, est donc son ouvrage. Ce corsaire aspire à garder ce navire, parce qu'il ne l'a trouvé en la possession d'aucun Français; et c'est lui qui est cause que les Français n'ont point conservé cette possession. Son droit à la prise naîtrait uniquement de la terreur qu'il aurait inspirée à ses concitoyens.

Tels sont, en substance, les moyens des armateurs des deux corsaires *le Voltigeur* et *l'Impromptu*, qui, en terminant leur mémoire, ont manifesté l'espérance de voir le système de leur adversaire rejeté.

Le Conseil, qui, par le rapport qui vient de lui être fait, et par les détails dans lesquels je suis entré, connaît présentement toutes les circonstances de cette affaire, voit qu'elle présente deux questions à résoudre; car je ne pense point qu'il doive s'occuper de celle de la confiscabilité du navire et de son chargement, laquelle a été décidée comme elle devait l'être, pour l'affirmative, par l'administration de marine.

La première consiste à savoir s'il y a lieu à prononcer quelque peine pour la non-représentation des pièces de bord;

La seconde, à régler de quelle manière doit se faire l'application de la confiscation qui a été prononcée.

Sur la première question, j'observe que l'article LIX de l'arrêté du Gouvernement du 2 prairial dernier, prescrit aux capitaines capteurs de se saisir des pièces de bord, aussitôt après la prise, et de les déposer dans un coffre ou sac, en présence du capitaine pris, lequel sera interpellé de le sceller de son cachet.

Il est défendu, porte l'art. LX, à tous capitaines, officiers et équipages de vaisseaux preneurs, de soustraire aucun papier ou effet du navire pris, à peine de deux ans d'emprisonnement, conformément à l'ordonnance, et de peines plus graves, dans les cas prévus par la loi.

Enfin, l'art. LXXIII, relatif à l'instruction, ordonne qu'il y sera fait inventaire des pièces, états ou manifestes de chargement, qui auront été remis ou qui se seront trouvés à bord.

On doit supposer que, lors de l'arrestation du *Freedom*, le capitaine de prise s'est entièrement conformé à l'article LIX que je viens de citer, puisqu'il a commencé par remplir la première de ses dispositions, en se faisant remettre les pièces de bord.

Ces pièces n'ont point été rapportées; ainsi il n'est point étonnant qu'elles n'aient pu être inventoriées lors de l'instruction.

Le défaut de leur représentation est provenu ou de ce qu'elles ont été soustraites, ou de ce qu'elles ont été perdues. Ce dernier cas ne présente rien de criminel.

Une soustraction de pièces, de la part des capteurs, a pour objet ou de faire regarder comme ennemi un navire qui ne l'est pas, ou de détruire la preuve de la neutralité de tout ou de partie du chargement, ou enfin d'empêcher de découvrir l'enlèvement clandestin, fait à bord de la prise, de quelques-uns des objets qui s'y trouvaient.

Or, ici on ne peut attribuer à aucun de ces motifs la non-représentation des pièces de bord; car, indépendamment de ces pièces, il demeure bien prouvé que le navire et son chargement sont propriétés ennemies, et que l'équipage est anglais. Quant à la nature du chargement, elle est telle qu'il est impossible qu'elle ait excité la cupidité des Français qui étaient à bord de la prise.

Je pense donc que l'absence des pièces dont il s'agit doit être attribuée à quelque accident qui en aura occasionné la perte, lors du désordre qu'a dû produire l'évacuation du *Freedom* par le C.^{en} *Lefort* et les autres Français qui y étaient avec lui, et que par conséquent elle ne peut donner lieu à la prononciation d'aucune peine.

Je dois observer ici que mal-à-propos les armateurs des deux corsaires *le Voltigeur* et *l'Impromptu* ont cherché à insinuer que le capitaine du *Chasseur* devait être regardé comme l'auteur de la perte des papiers de bord, par la raison qu'il avait intérêt de faire disparaître les preuves de la prise du *Freedom* par leurs corsaires, avant qu'il l'eût abordé. Des pièces de l'instruction il résulte que ces papiers n'ont point été entre les mains du capitaine *Lion*; et d'ailleurs le second capitaine qui s'est présenté en même temps que lui devant l'administrateur principal de marine à Dunkerque, a déclaré que l'Anglais *Hamilton* lui avait dit que son navire avait été pris par deux péniches de Boulogne, le 1 2 messidor; et qu'à l'approche du *Chasseur*, les hommes que ces péniches avaient mis à bord s'étaient retirés, l'ayant pris pour un corsaire anglais. Le capitaine et le second capitaine n'ont donc point voulu cacher la prise du 1 2 messidor.

Le soupçon jeté sur l'Anglais *Hamilton* n'est pas mieux fondé; il n'avait aucune espèce d'intérêt à soustraire les pièces de son navire.

Me voici présentement arrivé à la question concernant l'application à faire de la confiscation qui a été prononcée.

Il est évident que la prise du *Freedom* faite par le corsaire *le Chasseur*, ne doit point être rangée dans la classe des recousses, parce que les recousses ne se font que sur l'ennemi. Si ce corsaire eût été anglais, alors il y en aurait eu une, mais faite en sens inverse; c'est-à-dire que la reprise aurait été faite par un ennemi sur des Français.

L'armateur de ce corsaire invoque les dispositions des arrêts du Conseil d'état des 17 octobre 1705 et 5 novembre 1748, ce dernier rendu en forme de réglement; mais ces arrêts ne sont point applicables d'une manière directe à sa cause.

Si un corsaire français prend un navire ennemi et le garde plusieurs jours; qu'un navire anglais s'empare de l'un et de l'autre, et qu'avant l'expiration des vingt-quatre heures un autre corsaire français se rende maître de ce navire et de ses deux prises, alors le premier corsaire français doit être rendu à ses armateurs, en payant par eux à ceux du corsaire récapteur le tiers pour droit de recousse; mais les deux navires anglais restent en intégrité au seul profit des armateurs et de l'équipage de ce dernier corsaire.

Voilà quelle est l'espèce des deux arrêts dont il s'agit, et ce n'est point celle de la prise faite par *le Chasseur* du navire *the Freedom*.

Cette prise est tout simplement celle d'un navire abandonné par les hommes que le premier corsaire capteur y avait laissés pour le conduire en France.

Je n'examinerai point, quant à présent, quelle a été la cause de cet abandon ; je me bornerai à la question de savoir si ce navire doit être regardé comme propriété française, ainsi que le soutiennent les deux armateurs des corsaires *le Voltigeur* et *l'Impromptu*.

Un navire de construction et de propriété française peut être abandonné par son équipage à la vue d'un bâtiment qu'il prend pour ennemi. Si ce bâtiment s'en empare et qu'il soit français, il n'a autre chose à réclamer que le droit de sauvetage, fixé au tiers de la valeur du tout par l'article XVII du livre IV, titre IX de l'ordonnance de 1681.

Doit-on appliquer la même règle à un navire ennemi qui est resté plus de vingt-quatre heures au pouvoir d'un capteur français ? La réponse semble devoir être pour l'affirmative, puisque, d'après les principes admis pour les recousses, une possession de vingt-quatre heures suffit pour transmettre la propriété entière au capteur ennemi ; tellement que si le navire capturé est repris ensuite, les propriétaires originaires n'ont absolument rien à y prétendre.

A cela on peut ajouter que, dans l'affaire présente, on doit d'autant moins supposer que le navire *the Freedom* eût cessé d'être propriété française, que si le corsaire *le Chasseur* se fût trouvé être un corsaire anglais, il s'en serait emparé, et l'aurait traité comme une reprise faite sur les Français, par la raison qu'il était la cause de l'abandon qu'ils en avaient fait.

De là il paraîtrait que l'on ne devrait admettre le corsaire *le Chasseur* à réclamer que le simple droit de sauvetage.

Mais si l'on considère bien les dispositions et l'esprit des réglemens, on verra qu'encore bien qu'un corsaire soit regardé comme propriétaire de la totalité de sa prise après vingt-quatre heures de possession, cependant, si le navire qu'il a capturé est repris ensuite, quand même il ne resterait que quelques heures au pouvoir de l'ennemi, le corsaire n'aurait rien à demander à un second corsaire français qui s'en serait définitivement mis en possession. C'est ce qui résulte des arrêts du Conseil des 17 octobre 1705 et 5 novembre 1748, qui, sous ce point de vue, ont un rapport indirect à l'affaire présente.

Il faut donc faire une grande différence entre un navire de construction française et de propriété française, et un navire ennemi devenu propriété française par la prise qui en a été faite, et par la possession que le corsaire capteur en a eue pendant plus de vingt-quatre heures.

Le premier, lorsqu'il est abandonné, reste toujours propriété française pour le navire français qui le rencontre. Le second, au contraire, a perdu cette qualité et a repris celle de propriété ennemie. Il ne peut être réputé propriété française que pendant que le capteur en conserve la possession.

De là il suit que le *Freedom*, dès le moment qu'il a été abandonné, a cessé d'être propriété française, et que par conséquent le corsaire *le Chasseur* qui s'en est emparé, abstraction faite de toute considération sur la cause de l'abandon, est fondé à en poursuivre la confiscation à son profit. C'est la faute du capitaine de prise *Lefort* et des hommes qui étaient avec lui, s'ils l'ont abandonné : ils se sont mis, par cette faute, dans le cas de l'application du principe *volenti non fit injuria*.

Mais, s'il est vrai que l'abandon dont il s'agit ait été causé par la conduite qu'a tenue le corsaire *le Chasseur*, serait-il juste de priver entièrement les armateurs des corsaires *le Voltigeur* et *l'Impromptu* du fruit de la capture du *Freedom !* C'est une autre question qu'il s'agit d'examiner.

Il faut d'ailleurs établir, d'une manière précise, quelle a été la conduite de ce corsaire.

Il demeure constant que lors de son apparition il était à la distance d'une lieue du *Freedom*, et que ce navire, qui se dirigeait vers la côte de France, portait le pavillon anglais renversé au haut de son mât.

Est-il vrai que le capitaine et le second capitaine de ce corsaire, qui ont déclaré avoir reconnu, à la construction et à la voilure,

que

que le navire était anglais, n'aient pas aperçu le pavillon ennemi renversé ? Cela est possible, mais cela n'est pas vraisemblable.

Cette reconnaissance n'a eu lieu, selon eux, qu'après que *the Freedom* a eu reviré de bord. Auparavant, les deux navires étaient seulement en vue ; *le Chasseur* n'a poursuivi *the Freedom* que lorsqu'il a porté au large.

De cette dénégation de leur part résulte implicitement l'aveu que s'il avait porté sur le brig avant l'abandon, *Lefort* et ses compagnons auraient eu raison de le prendre pour un Anglais.

Or, il paraît certain que le corsaire a fait voile sur ce navire dès qu'il l'a eu aperçu. Sans cette circonstance, il n'aurait pas inspiré de crainte aux Français qui étaient à bord. Le pilote *Jacqs* s'est expliqué clairement à cet égard ; mais sans insister sur la déclaration de ce particulier, la preuve du fait dont il s'agit se tire des réponses de l'Anglais *Hamilton*, lors de son interrogatoire. Il a dit qu'après le départ des Français il s'était mis au gouvernail pour gagner le large, toujours chassé par le cutter. La poursuite existait donc avant le départ des Français.

Je ne fais point un crime de cette poursuite au capitaine du corsaire ; je suis loin d'y apercevoir rien qui tienne de la piraterie, et les reproches qu'on lui a faits à cet égard ne sont point mérités. Il est naturel qu'un corsaire cherche à s'assurer si, dans les navires qu'il aperçoit, la réalité répond aux apparences : mais il n'en est pas moins vrai cependant que cette manœuvre a dû inspirer des craintes à *Lefort* et à ses compagnons ; car ils ont dû croire que le cutter qui faisait force de voiles sur eux, quoiqu'ils se dirigeassent vers les côtes de France, et qu'ils eussent pavillon anglais renversé, était ennemi. Le pavillon français que ce cutter portait n'était pas propre à les rassurer ; c'est un déguisement dont les croiseurs anglais font habituellement usage.

La circonstance du défaut de réponse à deux coups de canon tirés par *the Freedom* pour obliger le cutter à assurer son pavillon, a été propre encore à accroître leurs craintes. Ce fait n'a été rapporté que

C

par le pilote *Jacqs ;* mais il n'a point été contesté. Je sens que l'on peut dire que le cutter, qui était à une lieue de distance, a pu croire que ces coups de canon ne se rapportaient point à lui : aussi je ne cite ce fait que pour faire connaître que sans qu'il y ait eu rien d'évidemment blâmable dans sa conduite, cependant on y trouve des motifs propres à justifier celle du capitaine de prise et de ses compagnons.

Quant au reproche fait au corsaire de n'avoir tiré un coup de canon qu'après le départ des Français, il est d'autant plus mal fondé, qu'il s'agit ici d'un coup de semonce, coup qui n'a été tiré qu'à la fin de la poursuite, et lorsque le corsaire s'est trouvé suffisamment proche du *Freedom.*

S'il était vrai qu'il eût eu connaissance du départ du canot, ç'aurait été une raison de plus pour qu'il poursuivît le brig, qui s'éloignait de la côte en portant pavillon ennemi en poupe.

D'après ces détails, le Conseil ne pensera-t-il pas que l'équité exige que le bénéfice de la confiscation soit partagé par moitié entre le corsaire *le Voltigeur* et le corsaire *le Chasseur !* Il ne s'agit ici que d'un gain plus ou moins fort, et non de perte entre les deux corsaires. L'un et l'autre ont contribué à ce que la prise fût conduite en France; car si *le Voltigeur* n'eût pas capturé *the Freedom* sur les côtes d'Angleterre, le corsaire *le Chasseur,* qui l'a amené à Dunkerque, ne s'en serait pas mis en possession près de Nieuport après la retraite des Français, occasionnée par son apparition.

Je sens qu'on peut reprocher au C.en *Lefort,* avec une sorte d'apparence de fondement, d'avoir quitté *the Freedom* sans une nécessité bien évidente; mais il n'appartient pas à l'armateur du *Chasseur* de lui en faire un crime, car sans cela il n'aurait absolument rien à prétendre à la prise. Du reste, j'attribue la cause de cette retraite à trop de précipitation dans le jugement de la nationalité du cutter, et non à un défaut de courage : je ne me permettrai jamais de soupçonner des Français d'en manquer, sur des apparences qui peuvent être trompeuses.

Un reproche d'une autre nature que je fais au C.^{en} *Lefort*, et qui est bien mérité, c'est d'avoir négligé de conserver les pièces de bord ; c'est d'avoir attesté, contre la vérité, qu'il avait été attaqué par un cutter anglais ; c'est enfin d'avoir laissé à bord de la prise, au moment qu'il l'a quittée, le marin *Hamilton*, qui depuis a été constitué prisonnier à Dunkerque. Quand, à raison de ces différentes taches dans sa conduite (taches qui lui sont personnelles, et qui ne paraissent pas devoir préjudicier à ses armateurs ni aux officiers et marins du surplus de l'équipage), il serait privé de sa part de prise, il n'aurait sûrement point sujet de se plaindre de la sévérité du Conseil.

Je finis, en concluant, sur le fait de la non-représentation des pièces de bord, à ce que le Conseil déclare que rien ne donnant lieu de croire qu'elles aient été soustraites, il n'y a pas sujet de faire aucune poursuite pour découvrir l'auteur d'un délit que les circonstances annoncent ne point exister ; et sur l'application de la confiscation, à ce qu'il soit ordonné que le produit en soit partagé par moitié entre les armateurs et équipages des corsaires *le Voltigeur* et *le Chasseur*, sauf la subdivision de la moitié attribuée au corsaire *le Voltigeur*, entre lui et le corsaire *l'Impromptu*, dans la proportion convenue entre eux ; le tout sous la condition des retenues de droit : m'en rapportant, au surplus, à ce qu'il plaira au Conseil d'ordonner quant au C.^{en} *Lefort*, dont la part de prise, s'il en est déclaré déchu, me paraît devoir être versée dans la caisse des invalides de la marine.

Délibéré ce 29 nivôse an 12.

Signé COLLET-DESCOSTILS.

Ouï le rapport du C.^{en} *Laloy*, membre du Conseil ;

Au moyen de ce qu'il résulte principalement des pièces, que la disparition de papiers de bord semble n'être que l'effet de la négligence du conducteur de prise, sans offrir de sa part aucun caractère de délit, puisqu'il est évident qu'il n'avait aucun intérêt à dérober la connaissance de ces papiers, suffisamment remplacés par l'instruction, qui ne laisse aucun doute sur la qualité ennemie de la prise;

Que *le Freedom*, dont s'était emparé d'abord le corsaire *le Voltigeur* sur les côtes d'Angleterre, a été abandonné par le conducteur de prise à une petite distance de Nieuport, sur le motif qu'il était poursuivi par un cutter anglais, qui s'est trouvé être le corsaire français *le Chasseur*;

Que, dans le silence des réglemens sur un cas de cette nature, on ne peut que suivre les principes de l'équité, qui veulent qu'en tenant compte de l'heureuse rencontre dudit corsaire, les premiers ne soient pas totalement privés du fruit de leur capture, si l'abandon du navire n'est que l'effet d'une méprise purement involontaire, sans laquelle le corsaire *le Chasseur* n'aurait eu aucune espèce de droits;

Qu'en se reportant aux circonstances qui ont suivi la prise, et en s'environnant des lumières acquises par l'instruction, on voit bien que le conducteur *Lefort* et ceux qui l'accompagnaient n'ont pas tiré tout le parti possible de leur position; qu'entraînés par un sentiment de crainte exagéré, ils ont jugé trop précipitamment que le corsaire qui venait à eux était ennemi, et se sont exclusivement occupés du soin de leur salut; mais que cette opinion, encore qu'elle ne fût pas justifiée par le pavillon ni par les manœuvres du *Chasseur*, était cependant partagée par tous les hommes qui montaient alors *le Freedom*, du nombre desquels étaient le pilote de Nieuport et l'Anglais même resté à bord; en sorte qu'il est constant que la fuite n'a eu lieu que parce qu'on redoutait de tomber au pouvoir de l'ennemi;

Qu'en cet état, ce ne sera blesser les intérêts de personne que de faire profiter tout-à-la-fois, et par égale portion, du bénéfice de la reprise, et les premiers capteurs qui ne l'avaient pas faite sans quelque danger, et le corsaire *le Chasseur*, qui s'est trouvé là pour réparer la faute dont les suites pouvaient la faire échapper totalement ;

Mais que le C.^{en} *Lefort* et les cinq matelots qui montaient *le Freedom* à l'époque de l'abandon, étant les auteurs de cette faute, en doivent naturellement supporter la peine ; qu'ils ont oublié, dans cette circonstance, qu'en qualité d'agens de la course, ils devaient chercher à faire à l'ennemi tout le mal qui était en leur pouvoir ; qu'au lieu de remplir cette mission spéciale, leur fuite avait pour résultat nécessaire, si leur crainte s'était trouvée fondée, de livrer saine et sauve aux Anglais la proie qui leur avait été enlevée ; que, de plus, le conducteur de prise a à s'imputer d'avoir donné la liberté au prisonnier anglais resté sur *le Freedom,* de n'avoir point veillé avec assez de soin à la conservation des papiers de bord, et, pour tâcher de justifier son abandon précipité, d'avoir feint qu'il avait été attaqué par le corsaire *le Chasseur,* tandis qu'il est constaté par l'instruction, que ce corsaire n'a tiré qu'un coup de semonce au moment où il a approché *le Freedom ;*

Que, par cette conduite, *Lefort* et les cinq matelots ont justement mérité d'être privés de leur part de prise, qui accroîtra celle de leurs camarades, auxquels il n'y a aucun reproche à adresser, et que cette privation fera, de plus en plus, connaître qu'on ne trompe point impunément le but de la course, et que des Français ne doivent point céder légèrement aux premières impressions d'une vaine terreur;

LE CONSEIL, ne remarquant qu'une simple négligence dans le défaut de représentation des pièces de bord, déclare qu'il n'y a lieu à faire aucune poursuite à cet égard; et, au surplus, statuant sur les prétentions respectives des corsaires français à la prise du navire anglais *le Freedom*, adjuge ledit navire, savoir, moitié aux armateurs et équipage du corsaire *le Chasseur*, et l'autre moitié aux armateurs et équipages des corsaires *le Voltigeur* et *l'Impromptu*, du partage de laquelle moitié seront exclus le conducteur de prise et les cinq matelots qui l'accompagnaient à l'époque de l'abandon, pour leur part accroître au reste des équipages desdits corsaires *le Voltigeur* et *l'Impromptu*. Le tout sera vendu aux formes et de la manière prescrites par les lois et réglemens sur le fait des prises, pour le produit net de la vente être remis aux armateurs et équipages desdits corsaires, dans la proportion ci-dessus déterminée, prélèvement fait des droits attribués en faveur des invalides de la marine par l'arrêté du Gouvernement du 2 prairial an 11.

A quoi faire, tous gardiens et dépositaires seront contraints, même par corps; quoi faisant, déchargés.

Fait le 29 nivôse, an 12 de la République française. Présens les C.ens BERLIER, *président;* NIOU, LACOSTE, MONTIGNY - MONPLAISIR, TOURNACHON, LALOY, LE CAMUS DE NÉVILLE, MOREAU, tous membres du Conseil des Prises, séant à Paris, maison de l'Oratoire.

AU NOM DU PEUPLE FRANÇAIS, il est ordonné à tous huissiers sur ce requis, de mettre la présente décision à exécution ; à tous commandans et officiers de la force publique, de prêter main-forte lorsqu'ils en seront légalement requis ; et aux commissaires du Gouvernement, tant intérieurs qu'extérieurs, d'y tenir la main.

En foi de quoi la présente décision a été signée par le président du Conseil et par le rapporteur.

Par le Conseil :

Le secrétaire général, signé CALMELET.

A PARIS, DE L'IMPRIMERIE DE LA RÉPUBLIQUE. Pluviôse an XII.